1月

特選べにさけ茶漬 ●マルハニチロ

○○○

一、三ツ葉、海苔など添えて**お茶漬け**に

二、炒りごまと合わせて**おむすび**の具に

三、アスパラガスと一緒に**サンドイッチ**も美味

CARD

正月らしく豪華に

「師匠、これは豪華なお茶漬けですねェ！」
「おせち料理に飽きたら、さらっとお茶漬け食べたいじゃない。でも正月なんだし豪華にいきたいね」
「この鮭のうまみは缶動ものです」
　マルハニチロの「特選べにさけ茶漬」は紅鮭のほぐし身がたっぷり入ったお茶漬けの具の缶詰。うまみの濃い紅鮭を良質の植物油に浸してあるから、舌に乗せるとジューシーなうまみがじゅわっと広がる。塩気が利いているのでお茶漬けにはもちろん、おむすびの具にも最適。野菜と合わせてサンドイッチにするのもオススメです。

特選べにさけ茶漬●マルハニチロ

2月

おいしい缶詰・国産鶏のごま油漬（和風アヒージョ）
● 明治屋

○○○

一、ブロッコリーと合わせて熱々アヒージョに
二、缶のオイルを使って野菜と一緒に炒めもの
三、ちょいと醤油を垂らしても美味

CARD

バレンタインデーに合わせて
義理缶

「師匠！今年はチョコいくつもらいました？」
「博士、それは中学生レベルの会話だよ。今年はね、缶詰をたくさんいただいたんです」
「あ、噂の義理カンってやつですね。なあんだ師匠は義理でもらったのか」
「うるさいな！」
　明治屋がバレンタインデーに展開している「義理カン」は、チョコレートのかわりに缶詰を贈ってお酒好きの方に喜んでもらうという趣旨。しかもそれがグルメ缶詰を代表する「おいしい缶詰」シリーズだからありがたい。この「国産鶏のごま油漬」はにんにくと香辛料の利いたごま油で煮てあるから"和風"アヒージョ。ビールがぐいぐいっと進みます。

おいしい缶詰・国産鶏のごま油漬（和風アヒージョ）●明治屋

3月

またぎ汁 ● 大沢加工

○○○

一、鍋で熱々に温めていただく
二、激ウマの汁は**飲み干したい**のをこらえ、鍋に残しておく
三、〆は小麦粉を水で練った**団子**を入れて煮る。これまた美味

CARD

まだまだ寒いので熱い汁物

「ううっ冷えるなあ。師匠、3月とはいえ寒い日もありますね」
「こんな日は鍋物といこうよ。もちろん缶詰で。ドン(缶詰を置く音)」
「これは！ 具も汁も劇的にうまいというあのまたぎ汁じゃないですか」
「これで熱燗やったらたまらないよ」
　新潟の大沢加工が造る「またぎ汁」は、山野を駆け巡った猟師集団またぎの食事をイメージしたもの。骨付きの手羽肉に大根、舞茸、なめこ、人参、細竹などの具が入った醤油ベースの汁物で、たっぷり4人分が詰まったその重量は何と820g！ 野趣溢れるパッケージデザインも圧缶ものです。

またぎ汁●大沢加工

4月

天の橋立わかさぎ油づけ&イベリコ豚ランチョンミート
● 竹中罐詰&アシストバルール

一、基本的には**どんな缶詰も**寿司ダネになる

二、ひと口サイズで作れば**酒のアテ**に

三、ランチョンミートに沢庵を合わせるとトロたく風

CARD

お花見に缶詰手巻き寿司を楽しむ

「花見に行きましょうよ師匠！ 酒の肴に缶詰も持ってきました」
「おっ、わかさぎ油づけにイベリコ豚のランチョンミート！ そのまま食べても美味しいけどさ、これを具にして手巻き寿司にしたら美味しいね」
「男二人、桜花の下で手巻きですね」
「それは缶弁（勘弁）」
　缶詰は手巻き寿司の具にも最適。竹中罐詰の「わかさぎ油づけ」は塩の塩梅もよく、とても上品な味わい。アシストバルールの「イベリコ豚ランチョンミート」はどんぐりを食べて育ったというスペインのイベリコ豚を使ったランチョンミート。これが酢飯や海苔にも合うんです。

天の橋立わかさぎ油づけ●竹中罐詰＆イベリコ豚ランチョンミート●アシストバル－ル

5月

金華さば味噌煮 ● 木の屋石巻水産

○○○

一、フタを**開ける前に**缶詰ごと3分湯せんする
二、小皿に盛りつけごま油をかける
三、白髪ねぎ、炒りごまをトッピングすれば缶成

CARD

さば味噌煮は缶詰が一番ウマい!

「さばの味噌煮ってさ、実は缶詰が一番ウマいと思うんだよ」
「師匠、まさにそのことです。缶の中で調理されて、それが半年、一年と時間を経て味が馴染んでいくわけですね」
「これを完熟ならぬ"缶"熟という」
「おーい、座布団持ってきて!」

　東日本大震災を乗り越えて復活した木の屋石巻水産の「金華さば味噌煮」。石巻漁港に水揚げされた新鮮な魚体を使うので、金華さばが獲れる旬の時期にしか造れません。温めるとサシのように入った脂がふわりとゆるみ、味噌の風味もいきいきとよみがえって至福の味わいです。

金華さば味噌煮●木の屋石巻水産

6月

いわしチリトマト ● 髙木商店

○○○

一、いわしチリトマトは缶汁ごと耐熱皿へ
二、玉ねぎをスライスして乗せる
三、溶けるチーズを乗せてオーブントースターで焼けば缶成

CARD

銚子名物「大羽いわし」は6月が旬

「博士、いわしが美味しい季節になったねぇ。いわしは缶詰でも定番だけど、こんなのはどうかな」
「それは髙木商店のいわしチリトマトじゃありませんか！魚のうまみのイノシン酸にトマトのうまみのグルタミン酸が合わさって・・・」
「難しいこというんじゃないの。俺はこのピリ辛トマト味が好きなんだ」
「今どき缶切りがないと開けられないのもいい缶じです」
　梅雨時の銚子漁港に水揚げされるのが大羽いわし。一年でもっとも美味しいといわれるその大きな身をカットせず詰めるため、缶も大きな楕円形です。ピリ辛のトマト味は箸が止まりません。

いわしチリトマト●髙木商店

7月

うに缶 ● 大川魚店

○○○

一、茹でた枝豆と合わせれば清涼感ある一品に
二、ちょいと醤油をかければご飯もいける
三、加熱したうには**濃厚そのもの**

CARD

うに缶●大川魚店

うに缶で郷土料理を知る

「師匠。これから酒にも肴にもうるさい人が来るんです。何かいいものありますか?」
「うに缶なんかどうかな。それも福島の大川魚店のやつ」
「三陸のうにを、福島いわき名物のうに貝焼き風に仕上げたやつですね」
「で、東北の吟醸酒を合わせちゃう」
「缶無量です」

　うにを北寄貝の殻に盛りつけて石焼きにするのがいわき市の郷土料理「うに貝焼き」。あえて加熱することで味が凝縮し、生食より美味しいといわれています。その味を再現したのが大川魚店のうに缶。わずかに加えた塩分により、うにの甘さが最大限に引き出されています。

8月

うなぎ蒲焼 ● 浜名湖食品

○○○
一、湯せんで温めればうなぎの身がふんわり
二、山椒やわさびを添えれば酒の肴
三、トロロと合わせてご飯に乗せて、うなトロ丼の完成

CARD

夏はうなぎ。もちろん缶詰で!

「師匠、最近の夏は暑すぎませんか？ぐったりしちゃってもう缶ジャレも出ません・・・」
「それならうなぎ食べて元気出そうよ。もちろん缶詰で」
「ま、まさか。師匠の故郷・静岡の隠れた逸品といわれるうなぎ蒲焼缶ですか？」
「そう！まずはきりっと冷えた清酒のアテにして。そのあとはうな丼にして出すからね」
「つまみもメインもまかなえるなんて、うな蒲缶は缶璧です」

　詩人・斎藤茂吉も愛したといわれるうなぎ蒲焼缶。浜名湖産のうなぎをほぼ一尾分、特製タレでていねいに焼き上げたロングセラー缶です。

うなぎ蒲焼●浜名湖食品

9月

北乃創彩・旬鮮さんま水煮 ◉マルハニチロ北日本

○○○

一、脂の乗ったさんまを美しく手詰め
二、オリーブ油、ぽん酢醤油、大葉を合わせれば**白ワインもいける**
三、缶汁ごと炊き込みご飯にしても美味

C A R D

缶詰のさんまを侮ることなかれ

「このさんま缶はすごいね。切り身が分厚くて、きらきら輝いてる」
「さすが師匠セレクト。いいさんま缶は開けたときに判りますね。表面に浮かんだ脂が澄んでいる」
「それも DHA と EPA が入った脂だからね。むしろ積極的に摂りたい」
「目黒のさんまという落語もありますが・・・」
「いや、さんまは缶詰に限る」
　マルハニチロ北日本の造る旬鮮さんま水煮は脂の乗りが日本一。さんまの大トロとも呼びたいほどです。熟練の職人が身を崩さぬよう手作業で詰め、味付けは塩だけという潔さ。毎年売り切れ必至です。

北乃創彩・旬鮮さんま水煮●マルハニチロ北日本

10月

むきそば ● 梅田食品製造本舗

○○○

一、付属するたれにつけていただく
二、山形名物・だし（夏野菜の浅漬け）を合わせてもよし
三、そば通も唸る 滋味深い味

CARD

山形に残るいにしえのそば

「世の中には面白い食べ物がたくさんあるね。山形名物のむきそばなんか、初めて見たときには驚いたよ」
「麺状のそばが誕生する前の食べ方ですね。そばの実をふっくら茹でて、かゆのようにして食べるという」
「そんないにしえの食べ物もちゃんと缶詰になってるのがたまんないね」
「シズル缶も抜群です」

　酒田市の梅田食品製造本舗が造るむきそばは、そばの実が入った缶とと特製たれが入った缶がセットになっています。皮をむいて茹でたむきそばは透き通った乳白色。ほろほろと崩れる食感と素朴な風味が魅力です。特製たれの缶成度も高いですよ。

むきそば◉梅田食品製造本舗

11月

缶つまプレミアム・あなご蒲焼 ◉ 国分

○○○

一、湯せんで温めれば出来たて食感がよみがえる
二、薬味はいいものにこだわりたい
三、ビールにも清酒にも合う**正統派**の味付け

CARD

夏の忘れ物をいただく

「この夏はあなごを食べ忘れたんですよ。あー食べておけばよかった」
「博士、そんなときこそ缶詰だよ。夏が旬のあなごを冬に食べられるんだから」
「やっ、それはおつまみ缶のパイオニア・缶つまのあなご蒲焼じゃないですか！どこに隠してたんですか」
「こんな日もあると予想していたんだ。美味しい山椒もあるし、夏を思い出しながら味わおうか」
「じゃ僕はビールを買ってきます！」
　国産の真あなごを一匹ずつ捌き、直火で炙ってから缶に詰めるという本式のあなご蒲焼缶。あなご特有の細かい骨がすべて柔らかくなっているのも缶詰のいいところです。

缶つまプレミアム・あなご蒲焼●国分

12月

福島応援缶　白桃 ● サンヨー缶詰

○○○

一、上品な甘さ、とろけるような柔らかさ
二、カッテージチーズと合わせても美味
三、シロップはスパークリングワインや白ワインに入れて楽しむ

CARD

桃缶の食べ頃は冬

「師匠。手元にあるのは桃缶ではないですか」
「そう、冬になった今が桃缶の食べ頃だからね」
「夏に収穫して造った桃缶も、シロップが馴染んで美味しくなるのに時間がかかる。何となれば冬が食べ頃」
「それにさ、季節と逆のものを食べるのは酔狂な楽しさがある。缶詰だからそれが楽しめるんだよ」
「缶服いたしました」
　フルーツ缶の老舗・サンヨー缶詰が造るのは福島応援缶と銘打った白桃缶。今でも原発事故の風評被害に遭っている福島を応援したいという思いから誕生しました。原料はすべて放射線検査済みで安全です。

福島応援缶　白桃●サンヨー缶詰

春風亭昇太（しゅんぷうてい・しょうた）

落語家。1959年、静岡県静岡市（旧清水市）出身。東海大学史学科日本史課程中退後、春風亭柳昇に弟子入り。92年、真打ち昇進。2000年、文化庁芸術祭大賞受賞。日本テレビの長寿番組『笑点』大喜利6代目司会者他、舞台、映画、TV、ラジオなど幅広く活躍。2017年NHK大河ドラマ「おんな城主 直虎」の今川義元役。社団法人落語芸術協会理事。芸能界きっての城好き、缶詰好きとして知られる。

C A R D

春風亭昇太●落語家

黒川勇人（くろかわ・はやと）

缶詰博士。1966年、福島県福島市出身。東洋大学文学部印度哲学科卒業。世界の缶詰を紹介する「缶詰blog」を2004年から執筆中。公益社団法人日本缶詰協会公認の缶詰博士として、様々なメディア出演や執筆活動で活躍。世界50カ国・数千缶を食している世界一の缶詰通。著書に、「缶詰博士が選ぶ！『レジェンド缶詰』究極の逸品36」（講談社＋α新書）等多数。

C A R D

黒川勇人●缶詰博士